ANSIEDAD

Frena completamente tu ansiedad, fobias y ataques de pánico

(Derrota la ansiedad y el estrés y disfruta tu vida sin dolor)

Natal Tello

Publicado Por David kruse

© **Natal Tello**

Todos los derechos reservados

Ansiedad: Frena completamente tu ansiedad, fobias y ataques de pánico (Derrota la ansiedad y el estrés y disfruta tu vida sin dolor)

ISBN 978-1-989744-20-8

Este documento está orientado a proporcionar información exacta y confiable con respecto al tema y asunto que trata. La publicación se vende con la idea de que el editor no esté obligado a prestar contabilidad, permitida oficialmente, u otros servicios cualificados. Si se necesita asesoramiento, legal o profesional, debería solicitar a una persona con experiencia en la profesión.

Desde una Declaración de Principios aceptada y aprobada tanto por un comité de la American Bar Association (el Colegio de Abogados de Estados Unidos) como por un comité de editores y asociaciones.

No se permite la reproducción, duplicado o transmisión de cualquier parte de este documento en cualquier medio electrónico o formato impreso. Se prohíbe de forma estricta la grabación de esta publicación así como tampoco se permite cualquier almacenamiento de este documento sin permiso escrito del editor. Todos los derechos reservados.

Se establece que la información que contiene este documento es veraz y coherente, ya que cualquier responsabilidad, en términos de falta de atención o de otro tipo, por el uso o abuso de cualquier política, proceso o dirección contenida en este documento será responsabilidad exclusiva y

TABLA DE CONTENIDO

Parte 1

Introducción

¿Tú o alguien conocido tuyo sufre de ansiedad? Debes saber que la ansiedad puede variar según cada persona. En algunas personas dura solo por un corto tiempo, mientras que para otras puede durar años y si uno no hace nada para mejorar esta situación, hay más posibilidades de que la condición se siga alargando en el tiempo.

Hablando desde mi propia experiencia, los síntomas de la ansiedad pueden ser tan horribles que pueden llegar al punto de afectar cada aspecto de la vida. Sin embargo, practicando algunas cosas muy simples, se puede superar la ansiedad y al igual que cualquier otra situación que enfrentamos en la vida: no hay nada mejor que hacerlo de manera natural. Es importante que sepas que no es tan complicado superar la ansiedad siempre y cuando cuentes con el conocimiento necesario.

Primero que todo, es importante

comprender qué es la ansiedad. Para algunas personas es mucho más que sentir náuseas y estrés. En ocasiones, la ansiedad se vuelve tan seria que desemboca en ataques de pánico. Si alguna vez has sido diagnosticado, y tal vez por eso lees esto, sabes que encontrar el mejor método de superar esta condición mental es prioritario.

La clave para superar la ansiedad comienza desde el conocimiento. Para poder tratar cualquier cosa primero debes saber qué es, porqué se origina y porqué lo tienes. En muchas ocasiones, el merohecho de conocer los síntomas del trastorno es una gran ayuda para superarlo.

En este libro, te entregaremos toda la información que necesitas saber acerca de la ansiedad. Además de explicar qué es y por qué te afecta, aprenderás a reconocer los síntomas más comunes, las mejores maneras de superarla y otras cosas importantes que debes saber para eliminarla de tu vida para siempre.

Explicando La Ansiedad

1.1 ¿Qué Es La Ansiedad?

Pareciera ser que más y más personas se quejan de sufrir ansiedad, es algo que escuchamos con más frecuencia que antes, pero ¿qué es ansiedad? Intentaré explicarlo lo más simple que pueda… Ansiedad es una palabra utilizada para describir diferentes condiciones mentales que pueden manifestarse en síntomas físicos que afloran al estar nervioso, tenso y preocupado. La ansiedad tiene diferentes etapas, las cuales van desde la media hasta la severa.

La mayoría de las veces las personas desarrollan algún tipo de ansiedad cuando enfrentan algo que está fuera de su zona de confort o cualquier cosa que pueda parecerle un reto. Por ejemplo: viajar solo por primera vez. Esto puede afectar a la gente de diferente manera, viajar solo puede ser normal para algunos, pero para otros puede traducirse en insomnio, inapetencia, imposibilidad de concentrarse, entre otras cosas. En algunos casos más serios puede afectar cada aspecto de la vida por largo tiempo. Generalmente, la ansiedad nace cuando nos anticipamos o pensamos mucho en algo, sin importar si son cosas que puedan o no pasar.

1.2 tipos de ansiedad

Los trastornos de ansiedad pueden clasificarse en diferentes tipos mucho más específicos. Los enlistados abajo son los tipos más comunes de ansiedad de los cuales debes tener conocimiento.

- **Trastorno de Ansiedad Generalizada (TAG)**

El trastorno de ansiedad generalizada o TAG por sus siglas, es un tipo de ansiedad clasificada como una ansiedad a largo plazo. Esto es cuando una persona siente miedo de situaciones o eventos, quienes padecen de este tipo de ansiedad se preocupan de cualquier cosa; desde asuntos familiares, problemas en el trabajo, problemas económicos, problemas de salud, etc. Ypara ellos estos miedos parecenimposibles poder controlarlos. Para terceros, este miedo usualmente es visto como algo menor o como una reacción exagerada para lo que normalmente se vive durante ese tipo de situaciones. Las personas que sufren de este trastorno tienden a pensar en las peores cosas que podrían suceder. Estas personas no suelen evadir las situaciones sociales o el trabajo, pero están llenos de ansiedad mientras las viven. Para muchos, los síntomas físicos que conlleva el TAG hacen que las actividades cotidianas se vuelvan más difíciles.

Trastorno por estrés postraumático (TEPT)

El trastorno por estrés postraumático o TEPT, es un tipo de ansiedad que es causada por alguna situación dolorosa que sucedió en el pasado. Estos casos pueden variar desde si una persona fue atacada o asaltada a casos más serios como un secuestro o unasituación de abuso. Este tipo de ansiedad suele ser muy común en militares que participaron en guerras. El TEPT causa flashbacks hasta aquellos eventos y puede desembocar en estrés cuando se recuerda la situación.

Trastorno Obsesivo-Compulsivo (TOC)

El Trastorno obsesivo-compulsivo o TOC, es otro tipo de ansiedad que puede ser ilógico y repetitivo pero que quién lo sufre, alivia este trastorno compulsivo al seguir un patrón particular y persistente como por ejemplo: lavar sus manos de manera compulsiva, encender y apagar el interruptor de luz una y otra vez, asegurándose de haber cerrado bien la puerta repetidamente, hacer la cama aun cuando ya la ha hecho, entre muchas otras.

Trastorno de Ansiedad Social

El trastorno de ansiedad social, es el miedo de estar rodeado por personas. La mayoría de las veces, quien lo padece siente miedo de ser humillado en público y sienten que están siendo observados y juzgados por aquellos que los rodean. La mayoría de las personas que sufren este tipo de ansiedad prefieren quedarse en casa y tienden evitar cualquier clase de evento social. Prefieren quedarse dentro de su zona de confort y evitar el contacto con otros seres humanos.

- **Trastorno de Pánico**

Son ataques inesperados de terror y preocupación que causan problemas para respirar, náuseas y mareos. Los ataques de pánico pueden suceder muy rápido y aumentan después de unos minutos y pueden durar por largo tiempo. Los trastornos de pánico pueden suceder después de alguna experiencia que causa mucho miedo o por un estrés persistente; sin embargo, también pueden darse de manera espontánea. Un ataque de pánico puede volver a una persona muy consciente de cualquier cambio en las funciones típicas del cuerpo, haciéndole pensar que puede estar sufriendo algún tipo de riesgo. Esta hipervigilancia se transforma en hipocondría. Además, los ataques hacen que la persona que los sufre espere que le den más, causando cambios radicales en el comportamiento con el fin de evitar dichos ataques.

- **Fobia**

La fobia es probablemente el tipo de ansiedad más amplia. Es un miedo extremo por una cosa o una situación la cual conduce a la persona a tener un ataque de pánico o a tener una reacción incontenible donde las acciones son extremadamente difíciles de controlar. Las fobias como el miedo a las alturas o miedo a bichos rastreros u otros animales son muy comunes y muchas personas las sufren, sin embargo, existen muchas más fobias por cosas que pueden sonar bastante extrañas para algunos, aun así, causan irracionales ataques de pánico a quienes las sufren. Al igual que muchos otros tipo de ansiedad, la raíz del problema puede deberse a experiencias pasadas, pero en muchos casos, pueden desarrollarse incluso si no han experimentado nada relacionado a ello en el pasado.

- **Trastorno de Ansiedad por Separación**

El trastorno de ansiedad por separación, es una condición que hace que una persona tenga sentimientos de pánico cuando se encuentra lejos de algún objeto, un lugar o una persona en particular. El caso más común es cuando alguien abandona su hogar o su ciudad. Esto hace que se les haga difícil hacer frente a esta situación o el adaptarse al nuevo lugar.

1.3 Sintomas comunes de la ansiedad

Las personas que sufren de ansiedad tienden a mostrar diferentes síntomasfísicos junto con los síntomas no físicos que retratan el trastorno como extremo y preocupante. Muchos de estos síntomas son los mismos que sufren aquellos que tienen alguna enfermedad, infarto, o ataque al corazón y esto suele hacer aumentar la ansiedad aún más.

Aquí abajo hay una lista con los síntomasfísicos que generalmente vienen con el trastorno de ansiedad generalizada:

- Tensión muscular
- Problemas de concentración
- Latidos del corazón más rápidos
- Cansancio
- Sobrecogimiento
- Migrañas
- Dolores de cabeza
- Temblores
- Náuseas
- Malestar estomacal
- Irritación
- Hormigueo
- Sudoración
- Comezón

Las personas con trastornos de pánico pueden experimentar los mismos síntomas físicos que las personas que sufren de TAG. Otros síntomas físicos que pueden experimentar, podrían incluir dificultad para respirar, aturdimiento y dolor de garganta.
El TEPT también tiene diferentessíntomas

que no son los mismos que en otros tipos de ansiedad. Los síntomas comunes que desarrollan las personas que sufren de TEPT incluyen, evitar a las personas, pesadillas, y flashbacks a las experiencias que gatillaron la condición. En algunos casos, es posible que tengan problemas de concentración, haciendo que les sea imposible dormir, sufren además de hipervigilancia, irritabilidad y negatividad.

1.4 Posibles Raíces de la Ansiedad

La raíz más común por la cual se genera la ansiedad puede ser generada por los mismos afectados al tener pensamientos negativos y poniéndose siempre en el peor de los casos, incluso si no existe una razón lógica para ello. ¿Alguna vez has viajado pensando que algo malo va a suceder y que morirás? ¿O tal vez has ido a alguna entrevista de trabajo pensando que todo saldrá horriblemente mal? Existen muchos factores como el trastorno cerebral, afección médica, la genética, experiencias previas o una combinación de todo. La ansiedad generalmente viene de todo el estrés que experimentamos en nuestras vidas y la presión que experimentamos de las personas exitosas que nos rodean a diario. Más abajo se encuentra una lista por la cual alguien podría experimentar ansiedad.

- Factores Ambientales y Externos

Los factores ambientales son conocidos por generar diferentes tipos de ansiedad que incluyen; trauma de situaciones malas como la muerte de alguien, la violencia psicológicay/o física o el acoso; el estrés causado por una relación, amistad, matrimonio; estrés del trabajo o la escuela y problemas financieros.

- Factores Médicos

La ansiedad se ha relacionado con factores médicos como la anemia, infecciones, asma y diferentes problemas cardiacos. Existen algunas raíces de ansiedad relacionadas con la medicina, como los signos de alguna enfermedad médica u operación, o los efectos adversos de tomar algún médicamente, la falta de oxígeno por unenfisema o embolia pulmonar, y el abuso de drogas. Muchas personas que son adictas a las drogas o al alcohol sufren de complicaciones mentales por algún tipo de ansiedad en particular como la fobia social, los trastornos de pánico o el TAG.

En general, la ansiedad es también reconocida como el resultado de la adicción a alguna droga ilegal como la cocaína o la metanfetamina.

- Factores Genéticos

Tal vez una de las peores razones son las que sugieren que si existe un historial de ansiedad en la familia de una persona, existe una gran posibilidad de que esta también la sufra. Existen personas que tienen tendencia genética, lo que hará mayor la posibilidad de sufrir trastornos de ansiedad.

- Factores de la Química del Cerebro

Investigadores han revelado que aquellos que tienen niveles irregulares de neurotransmisores particulares en su cerebro, tienen una mayor posibilidad de sufrir de TAG. Cuando los neurotransmisores no trabajan correctamente, las redes de comunicación internas del cerebro colapsan, y el cerebro podría trabajar de manera inadecuada y dispersa en situaciones particulares. Esto puede causar ansiedad.

1.5 Conceptos Incorrectos Comunes Sobre la Ansiedad

Muchas personas que no han experimentado ansiedad o no tienen muchos conocimientos sobre lo que es, eligen vivir con conceptos incorrectos sobre lo que en realidad es. Con el fin de aclararte las cosas, aquí hay cinco conceptos erróneos que vamos a corregir para darte un mejor entendimiento de esta condición médica:

#1: Evitar Potenciales Desencadenantes es Posible

Muchas personas que sufren de ansiedad tienen desencadenantes particulares que hacen aflorar fuertes sentimientos de ansiedad, particularmente ataques de pánico. Esto puede ser desde ir a algún evento social hasta realizar una llamada para una entrevista de trabajo. Mientras muchas personas se ponen ansiosas antes de hacer una gran presentación frente a muchas personas, algunas personas se ponen ansiosas cuando las saludan en público o cuando les toca hablar en el salón de clases. No importa lo que induzca la ansiedad a una persona, evitarlo nunca es la solución. Por lo tanto, decirle a alguien que evite algo o que no haga algo no tiene ningún sentido.

El tratar de evitar los desencadenantes hará todo lo contrario y elevaran la ansiedad, dejando a los pacientes sintiéndose desvalidos y solos cuando se encuentren en una situación que les sea imposible evitar.

#2: Está todo en tu Cabeza

Bueno, literalmente la ansiedad está realmente en la cabeza dado que es una condición mental. Sin embargo, algunas personas piensan que la ansiedad es algo que las personas pueden superar fácilmente ya que podemos controlar nuestras mentes fácilmente. ¡Error! Decir este tipo de comentarios insensibles pueden en la mayoría de los casos, empeorar la ansiedad de la persona.

#3: La Ansiedad Siempre es Causada por Un Trauma en Particular

Mientras que existen tipos particulares de ansiedad que nacen a raíz de una experiencia traumática como el TEPT, no quiere decir que todos los tipos de ansiedad son causados por malas experiencias. Otros tipos de ansiedad pueden ser causados por la química del cerebro o por la genética.

#4: Decirle a alguien de Sufre de Ansiedad "Cálmate" o "Supéralo" de seguro servirá

Decirle a alguien que supere una situación que lo pone ansioso es lo peor que puedes decirle a alguien que sufre de ansiedad. Las personas que sufren ansiedad saben que muchos de sus miedos son ilógicos e irracionales. Debes aceptar que la ansiedad es una condición mental y no es algo que se haga de manera intencional. Quienes sufren de esto tampoco quisieran experimentar lo que sienten, pero su mente y su cuerpo controlan sus pensamientos y sus emociones.

#5: La Medicación es la Única Solución

La medicación puede ser una excelente opción dado que es muy efectiva para vencer la ansiedad, sin embargo, también viene con efectos secundarios negativos y además la solución que pueden ofrecer solo es temporal. En la mayoría de los casos, el propósito de la medicación es disminuir los malos efectos de la ansiedad. La ansiedad se trata mucho mejor de manera natural ya que esto no trae ningún efecto secundario negativo o consecuencia. Además, los tratamientos naturales les enseñan a los pacientes las habilidades para obtener beneficios duraderos.

Formas Naturales Para Tratar la Ansiedad

La Cura Alternativa a las Prescripciones Médicas Contra la Ansiedad

Se dice que es normal que la gente se sienta ansiosa de vez en cuando. Sin embargo, si se experimenta de manera frecuente e incontrolable, es probable que se trate de ansiedad y se necesita la medicación apropiada para ello. Para quien sufre de este trastorno mental, es importante buscar tratamiento lo más pronto posible ya que es probable que se transforme en algo más severo y por lo tanto lidiar con ello será más difícil y puede afectar su vida de manera significativa. Si tu o alguien que conoces sufre de ansiedad, debes tener claro que no hay nada de qué preocuparse, ya que cada vez se han ido descubriendo más y más tratamientos para superar esta situación e incluso, ahora existen muchas formas naturales para tratar la ansiedad, lo que quiere decir que no deberás preocuparte de ningún efecto secundario negativo.

¿Cuál es la Diferencia al Utilizar Tratamientos Naturales contra la Ansiedad?

¿Quién no quisiera tener la oportunidad detratar su ansiedad de forma natural? Esta es la razón por la cual los tratamientos naturales para curar la ansiedad son preferidos por muchos de quienes la sufren. Es bastante obvio por qué las personas prefieren lo natural: No hay efectos secundarios. Además, los tratamientos naturales resuelven la raíz principal de tu ansiedad, haciendo que te sientas más relajado y cómodo.

Otro beneficio de escoger tratamientos naturales para tratar la ansiedad: es que te permiten controlar el trastorno de manera personal, lo que significa que evitar las cosas que gatillan la ansiedad, se vuelve más fácil.

Además, escoger un tratamiento natural contra la ansiedad es mucho más económico que comprar medicamentos costosos. No querrás empeorar el trastorno agregándole además la preocupación de tener que gastar tanto en medicamentos y además de eso, ahorrarás tiempo ya que muchos de los tratamientos naturales no requieren que salgas de tu casa y tampoco requieren largas horas en sesiones.

Busca el Tratamiento Natural Correcto Para Tu Ansiedad

No puedes solo sentarte de brazos cruzados y verte a ti mismo o a quienes amas siendo destruido por algún trastorno de ansiedad, lo que debes hacer es buscar distintas opciones de tratamientos para la ansiedad que estén confirmados como efectivos, naturales y lo más importante, seguros. Como paciente, depende de ti el tipo de tratamiento que quieras llevar a cabo, ten presente que tu objetivo es curar este trastorno y no empeorarlo.

La mayoría de las veces, quienes sufren de ansiedad se inclinan por la medicación esperando que los síntomasdesaparezcanrápidamente, pero terminan con efectos secundarios mucho peores. En este capítulo, aprenderás las cuatro maneras naturales más efectivas para superar la ansiedad.

2.1 Cambio en el Estilo de Vida

Lo primero que debemos observar cuando luchamos contra la ansiedad es el estilo de vida que llevamos. A pesar de que es fácil, muchas personas encuentran que cambiar los hábitos no lo es. Esto es totalmente comprensible, entonces ¿Cómo es que podemos cambiar nuestro estilo de vida? Existen dos áreas en las que debemos fijarnos: Tu dieta y tus actividades físicas. Veamos...

2.1.1 Dieta Apropiada

Cuando la ansiedad controla tu vida, una de las últimas cosas de las que quieres preocuparte es de tu alimentación. Sin embargo, la verdad es que hay que muchas cosas que uno debe lograr cuando intentamos sanar la ansiedad, y tener una dieta apropiada es una de ellas. Debes recordar que un cuerpo saludable conlleva a tener una mente saludable.

Alimentos Que Debes Evitar

Primero que todo, debes conocer los alimentos que debes evitar con el fin de minimizar lossíntomas producidos por la ansiedad. Con cambios muy simples en tu dieta, puedes mejorar de manera fácil tu estado anímico y tener un mejor día. Aquí abajo hay una lista con las comidas que debes intentar evitar.

- **Cafeína**: Bebidas con cafeína como el café y las bebidas cola deben evitarse tanto como sea posible. Intenta dejarlas y reemplázalas por té de hierbas. La cafeína es un estimulante y puede aumentar la percepción así como también inhibir el sueño.
- **Azúcar**: Está es definitivamente muy difícil de evitar, especialmente si estás acostumbrado a comer alimentos

procesados. Evita el azúcar refinado tanto como puedas ya que no le hacen ningún bien a tu cuerpo.

- **Alcohol**: A pesar de que algunas personas creen que el alcohol los tranquiliza,cuando se absorbe en el cuerpo puede llevar a sufrir síntomas de ansiedad. Lo mejor es dejarlo de lado.

Otros alimentos que se deben evitar incluyen las comidas muy aceitosas y alimentos procesados. No le hacen ningún bien a tu cuerpo, por lo que debes removerlas de tu lista del supermercado tanto como sea posible.

Alimentos que Debes Incluir

Si existen alimentos que debes evitar, también existen alimentos que debes incluir en tu dieta. Hay alimentos que son conocidos por mejorar el estado anímico, ayudando a superar los síntomas de la ansiedad. Aquí hay siete de ellos:

- **Alimentos Integrales**

Aquellos que toleran el gluten encuentran

que estos alimentos son beneficiosos, como el pan o la pasta integral. Hay estudios que muestran que los alimentos integrales "reales" ofrecen ciertos beneficios para personas que sufren ansiedad:

- El grano entero tiene un alto nivel de magnesio, y es la deficiencia de magnesio la que puede causar ansiedad.

- El grano entero tiene triptófano, lo cual se convierte en serotonina, el cual es un neurotransmisor calmante.

- Los alimentos integrales generan buena energía mientras reducen el apetito y es además es muy importante para calmar la ansiedad.

Los alimentos de grano entero pueden ser de gran ayuda para tratar la ansiedad y cuentan con nutrientes que se han ido removiendo de las dietas modernas.

• **Algas**

El alga tiene muchos beneficios que también ofrecen los alimentos de grano entero. No solo cuenta con un alto número de nutrientes, también tiene una gran cantidad de magnesio. El alga tiene un alto contenido de triptófano y esto lo convierte en una gran alternativa a los alimentos integrales en caso de que seas sensible o intolerante al gluten.

- **Arándanos**

El arándano no es solo una exquisita fruta que nos encanta para el postre, es también considerada un *superalimento*. Es rico en fitonutrientes y vitaminas, con diferentes antioxidantes que son conocidos por ser muy útiles para calmar toda la tensión y el estrés. Muchos expertos piensan que los duraznos pueden ser una buena opción también ya que contienen nutrientes que tienen efectos calmantes.

- **Bayas de Acai**

La baya de acai es básicamente el más nuevo de los súper alimentos y cada vez está llamando más la atención. Puede que no sea una fruta para perder peso como solía pensarse, pero las bayas de acai tienen un alto contenido de fitonutrientes similar al arándano y los niveles de antioxidantes que contiene la posicionan dentro de las primeras de la lista.

- **Almendras**

Las almendras tienen un alto contenido de zinc, lo cual es un nutriente clave para mantener un estado de ánimo balanceado y además cuentan con grasas saludables y hierro. Con el fin de tener una dieta balanceada es importante incorporar grasas buenas en ella. Por otro lado, tener bajo los niveles de hierro causa fatiga cerebral que contribuye a tener baja energía y ansiedad.

- **Chocolate**

Bueno, antes de que saltes a buscar el chocolate que tienes guardado en el refri, debes saber que no estoy hablando de cualquier tipo de chocolate, estoy hablando del chocolate oscuro que no contiene leche o azúcar. El chocolate puro reduce el cortisol, que es la hormona del estrés que nos lleva a experimentar síntomas de ansiedad, el chocolate oscuro también ayuda a mejorar el estado de ánimo.

- **Raíz de Maca**

No me sorprendería saber que nunca

hayas oído antes de ella. Sin embargo, este polvo puede incorporarse en tus comidas y bebidas para ayudar a mejorar tu estado de ánimo. Se cree que esta raíz contiene niveles más altos de fitonutrientes que casi cualquier otro vegetal o fruta, entre los cuales se incluyen el hierro y el magnesio, ambos nutrientes esenciales a la hora de combatir la ansiedad. Además, normalmente se utiliza para mejorar la energía y la resistencia.

Llevar una dieta saludable es una de las mejores maneras de controlar la ansiedad. También debes asegurarte de beber suficiente agua diariamente. Muchos estudios han encontrado que la deshidratación afecta al 25% de quienes sufren de ansiedad, y la deshidratación es reconocida por causar aún más ansiedad.

2.1.2 Ejercicio Físico

Cuando alguien sufre de ansiedad, el ejercitarse es definitivamente la última de sus prioridades. Muchos de quienes sufren de un trastorno de ansiedad suelen evitar salir de casa e incluso simplemente levantarse de la cama, menos irán al gimnasio. Sin embargo, si realmente quieres superar la ansiedad es importante que hagas un esfuerzo para mejorarte a ti mismo físicamente.

Probablemente sabes que el ejercicio mejora la salud de las personas y previene condiciones degenerativas como problemas a la presión, problemas cardiacos y diabetes. Además, muchos estudios demuestran que el ejercicio físico ayuda a vencer la ansiedad y la depresión. Estos estudios muestran que realizar actividad física de manera regular no solo contribuye a un cuerpo más sano, sino que también a una mente más sana. Muchas personas se han dado cuenta que el practicar ejercicios regularmente los ha ayudado a liberarse de la ansiedad.

Aquí abajo encontrarás por qué el ejercicio ayuda a superar los trastornos de ansiedad:

- Al ejercitar liberamos la hormona endorfina y neurotransmisores cerebrales que son los responsables de la felicidad que sentimos. De igual, forma disminuye la producción de la hormona cortisol que es la responsable de la tristeza que sentimos.

- El ejercitar de manera regular puede mejorar tu físico, lo cual te entregará más confianza. Tu estado de ánimo mejorará cuando notes como tu imagen mejora por el ejercicio.Cuando logras superar el reto, obtendrás un sentimiento de satisfacción.

- El ejercicio es un excelente mecanismo de afrontamiento, el cual es mucho mejor que la dependencia a alguna droga, fumar y beber.

- Ejercitar puede ser también una excelente terapia para distraerte, el beneficio es que te ayudará a que canalices tus pensamientos indeseados en algo mucho mejor.

Como un beneficio extra de ejercitar podemos destacar que te ayudará a socializar con otras personas en caso de que escojas inscribirte en un gimnasio. Esto es de gran ayuda si sufres de ansiedad social. A aquellos que sufren del trastorno de ansiedad social se les deben alentar a realizar una terapia de exposición, en la cual se encuentren en situaciones donde no tienen otra opción más que interactuar.

 Existen muchos programas de ejercicios de los que puedes elegir. Con toda la variedad que existe, es importante escoger aquel que te acomode más. En lo posible escoge un programa que te permita salir de casa e interactuar con gente. Actividades como salir a correr, practicar algún deporte, sacar a pasear a tu perro u otro tipo de actividades físicas son buenas opciones, sin embargo, realizar ejercicio dentro de casa también es beneficioso. Sin importar con qué tipo de ejercicio comiences, será beneficioso para superar tu condición.

No es necesario que contrates un entrenador personal o pierdas la cabeza realizando demasiado ejercicio, el simple hecho de caminar 30 minutos a paso ligero por un parque o dar un paseo en bicicleta de tu casa al supermercado será muy beneficioso.

2.2 Yoga y Meditación

El yoga y la meditación son otra manera que garantizan inducir calma y relajación profunda en tu mente y cuerpo. La meditación disminuye las hormonas del estrés, mientras que aumenta la producción de ondas alfa en el cerebro, que estimulan un estado calmado pero consciente. Aprender meditación es bastante fácil especialmente ahora que cada vez hay más y más clases y videos gratuitos disponibles.

¿Cómo es Que el Yoga y la Meditación Ayudan a Superar la Ansiedad?

En palabras simples, la meditación nos beneficia al hacer que nos quedemos quietos el tiempo suficiente para mantenernos calmados. Una vez que llegamos a un estado de calma, normalmente podemos pensar de manera más clara, tener una percepción más sana sobre cualquier cosa por la cual nos sentíamos ansiosos, y podemos ver las posibles soluciones para el problema que estamos enfrentando.

Preocupaciones del Día a Día

Con el tiempo, aquellos que meditan de forma regular se dan cuenta que no se ponen tan ansiosos o se estresan tanto, y tampoco reaccionan tan intensamente al estrés. Además, se vuelven más conscientes de cuando la ansiedad se acerca y son capaces de evitarla antes de que se apodere nuevamente de sus vidas.

Como Comenzar

Meditación Diaria

Una de las mejores cosas de la meditación es que puedes realizarla en cualquier lugar que te encuentres; ya sea en casa, en el trabajo o incluso cuando vas viajando. Pero si quieres obtener todos los beneficios de esta, se recomienda llevar a cabo sesiones de meditación todos los días con el fin de tener una mejor salud física y emocional. Dicho esto, aquí abajo encontrarás algunas formas simples para practicar la meditación por ti mismo.

Respiración—Ya sea que dure por 10 minutos o 1 hora, respirar de forma lenta y controlada puede ayudar en aliviar la ansiedad y el estrés para conseguir una mejor calidad de sueño y una mente más relajada.

Relajación Consciente - Un método un poco más progresivo, de relajación progresiva, incluye enfocar toda la atención en ciertas partes del cuerpo, principalmente en áreas adoloridas con el fin de ofrecer alivio. Cuando esto se combina con una respiración profunda. Los resultados son mucho mejores.

Repite un Mantra- Poner tu atención en el sonido de tu propia voz mientras cantas una palabra en particular con el fin de relajarte es un método de prueba de tiempo que atraviesa muchas religiones, cultura y procesos de curación diferentes. Puedes usar cualquier mantra que quieras mientras ayude a que te relajes.

Camina y Medita–Una mejor y más saludable manera de relajarse es combinar el caminar con la meditación. Esto te ayuda a calmar la mente al mismo tiempo que purificas el cuerpo. Una forma simple para lograrlo es concentrarte en los movimientos de tu cuerpo en vez de concentrarse en llegar a tu destino. Ve más despacio y respira profundamente con cada paso que das.

2.3 Hipnoterapia

Esta es otra de las opciones naturales efectivas para superar la ansiedad. La hipnoterapia es beneficiosa porque mantiene a tu cerebro respondiendo de manera positiva ante situaciones de estrés. Un hipnoterapeuta es bueno ya que aborda tus ansiedades mientras te encuentras en un estado de extrema calma y te enseña a mantenerte calmado en situaciones que usualmente causan ansiedad.

¿Qué es la Hipnoterapia?

La hipnoterapia es un tipo de terapia que se usa para ayuda a pacientes a alcanzar lo que se conoce como *mayor nivel de consciencia*. Muchas personas se refieren a este estado como *trance.* Existen muchas técnicas que se utilizan para alcanzar este estado. Esto incluye ejercicios de relajación guiados, fuertes niveles de concentración y desarrollo de la capacidad de concentración. El fin principal de la hipnoterapia es garantizar que las distracciones mentales y las distracciones ambientales sean bloqueadas de manera eficiente con el fin de que el participante se pueda enfocar en tareas o instrucciones que les va dando un profesional calificado.

El uso de la hipnoterapia para aliviar la ansiedad se realiza por especialistas certificados y calificados en salud mental que son particularmente entrenados con el fin de realizar la hipnoterapia para tratar pacientes que sufren de ataques de pánico. Normalmente implica concentración profunda, relajación dirigida, así como una cuidadosa atención para alcanzar un estado donde el paciente no reaccione a estímulos externos. En esta condición específica el paciente se puede enfocar en sus tareas o pensamientos, dejando de lado las cosas que le causan ansiedad.

¿Por Qué es Efectiva Contra la Ansiedad?

La hipnoterapia ayuda a pacientes con ansiedad en muchas formas. Además de ayudarlos a alcanzar el estado de mayor nivel de consciencia, muchos de estos profesionales aplican psicoterapia. Es bastante común que los pacientes con ansiedad experimenten pensamientos que los preocupan, recuerdos intolerables, y emociones que se han estancado en sus conciencias mientras atraviesan el proceso de hipnoterapia. La psicoterapia ayuda a los pacientes a superar estos pensamientos, recuerdos y sentimientos.

Existen dos formas de psicoterapia que puedes usar junto con la hipnoterapia para curar de manera efectiva la ansiedad, las cuales son:

Terapia de Sugestión- Esta es la forma que pone al paciente en una condición que lleva a ser más receptivo a las sugestiones creadas por el terapeuta.

Análisis– Este es un excelente método aplicado por un hipnoterapeuta para exponer la raíz principal de la ansiedad por la cual el paciente está pasando. Este método es muy efectivo. Cuando alguien que está sufriendo de ansiedad se encuentra en un estado de hipnosis, se vuelve más abierto para hablar de sus problemas. Dependiendo de lo que se aprenda durante la discusión, el hipnoterapeuta que lleva a cabo la sesión puede entonces dar sugerencias importantes que se arraigarán intensamente en la mente subconsciente del paciente y conducirán a comportamientos conscientes positivos.

2.4 Hierbas Medicinales

Las hierbas medicinales, la ayurveda y la homeopatía también ofrecen soluciones naturales para la ansiedad. Unos de los suplementos más confiables que puedes utilizar incluyen; el toronjil, la escutelaria y la pasiflora. Busca más medicinas homeopáticas para la ansiedad en tus tiendas locales, o puedes también probar el té de Tulsi, un remedio ayurveda para la ansiedad.

Tratamientos de Ansiedad Suplementarios

Por cientos de años las personas han utilizado remedios herbales. Existen muchas culturas que han creado tratamientos de medicina herbal para ayudar a curar la ansiedad. La medicina herbal alternativa, sugerida por un especialista en medicina alternativa, puede ayudar a controlar los sentimientos que se experimentan durante un ataque de ansiedad que está por venir. Muchas de estas alternativas herbales pueden ayudar a calmar y suavizar los efectos de quien las padece.

Algunos de los tratamientos herbales para la ansiedad más usados son:

Manzanilla, es un producto herbal que se utiliza en todo el mundo para tratar la ansiedad. Está disponible en diferentes formatos como: Aromaterapia, té y suplementos. La flor de esta planta es la parte que se usa para tratar la ansiedad y calmar el nerviosismo. Además de utilizarse como un tratamiento alternativo para superar la ansiedad, está planta contiene otras propiedades para tratar otras condiciones.

L-Teanina es un extracto de té verde que se utiliza para calmar de manera eficiente a quienes sufren de distintos tipos de ansiedad. Para aprovechar todos los beneficios que este tratamiento ofrece, debes tomarlo en su forma pura. Las dosis que estén 99% por debajodel extracto no funcionarán de manera tan efectiva al tratar la ansiedad.

Pasiflora, el extracto de pasiflora también es un tratamiento natural para la ansiedad ya que calma a la persona. El extracto de esta flor es muy efectivo para controlar la ansiedad y se encuentra con facilidad en las droguerías locales.

Debes tener claro que esto puede que no te resulte de la misma forma que le resultó a otra persona, es mejor consultar con un profesional de la medicina alternativa para conocer la mejor manera de tomar estas medicinas herbales enlistadas arriba y así conocer todos sus efectos y propiedades.

Conclusión

La ansiedad es una de las peores condiciones mentales que uno puede experimentar en la vida. Esta condición mental noshace perder nuestra habilidad de experimentar la felicidad. También puede llevar a otras devastadoras enfermedades como la depresión la cual también puede llevarnos a sufrir otras complicaciones de salud por culpa del estrés, como son las enfermedades cardiacas o problemas a la presión.

Un alto nivel de ansiedad, claramente contribuye a que la persona que la sufra tenga mucho estrés. La mejor y más sana manera de vencer este problema es con la ayuda de tratamientos naturales.

Sí, literalmente existen un montón de medicamentos para vencer la ansiedad en los mostradores de las farmacias, pero ¿Son realmente efectivos? Posiblemente sí, pero muchas veces no y vienen con efectos secundarios nocivos.

Por lo tanto, los tratamientos naturales son una mejor alternativa ya que no traen ningún efecto secundario. Como alguien que sufre de ansiedad, probablemente hayas perdido la esperanza en tratarte. Todo lo que tienes que hacer es levantarte y hacer algo al respecto, al absorber toda esta información y seguir las sugerencias contenidas en este libro, estarás en camino a liberarte de la ansiedad.

Alguien que sufre de ansiedad puede también experimentar otros síntomas como; palpitaciones del corazón, dolores de cabeza repetitivos, dificultad para respirar, tensión, nauseas, temblores, problemas digestivos, mareos al igual que disfunción sexual. Los medicamentos químicos simplemente empeorarán estos problemas y posiblemente harán que desemboque en una ansiedad aún más fuerte.

Tratar la ansiedad de manera natural puede llevarse a cabo con la ayuda de algunos tratamientos que se han probado que funcionan. Cuando utilizasremedios naturales para liberarte de la ansiedad, notarás que enfocarte en cosas más importantes se vuelve mucho más fácil.

No es fácil lidiar con las actividades del día a día cuando estás enfermo. La ansiedad es una condición real, con consecuencias a largo plazo si no es tratada. Cuando no se trata, la ansiedad puede causar problemas de salud que requerirán que tengas que pasar por incluso más tratamientos.

La verdad es que descubrir la raíz de la ansiedad no es lo más importante, esto es porque una vez que la tienes, comenzará a diversificarse y habrá más cosas que la desencadenarán. Lo más importante es que la estás controlando con la ayuda de tratamientos que son naturales y que estás recuperando el control de tu vida.

Parte 2

Introducción

Felicitacionesy gracias de antemano por descargar este libro.

Los siguientes capítulos te enseñaran sobre los pros y contras de la ansiedad, así como la manera de poder lidiar con ella de manera exitosa. En el mundo actual, muchas cosas provocan ansiedad en las personas, gracias en gran medida, a las demandas de la sociedad moderna y a las presiones que se añaden día a día. De hecho, existe más gente de la que imaginas sufriendo de ansiedad y estrés. La buena noticia es que hay maneras para vencer la ansiedad y vivir una vida más feliz.

Este libro te dará un buen fundamento y entendimiento de lo que es la ansiedad. Se habla sobre las básicas, como que significa la ansiedad, los diferentes tipos, causas, signos, síntomas y más. También se habla sobre tu relación con el mundo y contigo mismo, ya que, las personas que sufren de ansiedad por lo general enfrentan problemas sociales y de afinidad. Al final, se establecen las maneras para deshacerse de la ansiedad de manera natural; revela las mejores prácticas que deberías cumplir para liberarte de ella.

Existen muchos libros en el mercado que tratan sobre este tema, ¡gracias una vez más por escoger este! Cada esfuerzo se realizó para asegurar que contenga tanta información útil como sea posible. También habrá algunos **regalos** gratis dentro, así que, presta atención y estate alerta. ¡Disfrútalo!

Capítulo 1: Las Básicas

¿Qué es la ansiedad?

El término *ansiedad* abarca varios trastornos de salud mental que llegan en forma de miedo, aprensión y preocupación, y si no se trata puede empeorar con el tiempo. La ansiedad puede afectar la manera en que una persona piensa, siente y se comporta. A pesar de que la ansiedad pueda ser leve, hay casos en donde puede quebrantar la vida de una persona. Si te das cuenta de que te sientes estresado/a o preocupado/a por algún tiempo sin razón, o si la cantidad de miedo o estrés ya no es proporcional a la situación, entonces es muy probable que estés presentando ansiedad; con las demandas de la vida moderna, hay mucha gente con ansiedad en el mundo, por lo que debes aprender y entender que es realmente la ansiedad para evitar caer dentro del mismo inconveniente.

El problema con la ansiedad es que impide

a una persona de verdaderamente disfrutar y vivir su vida. Si dejas que la ansiedad domine tu vida, definitivamente terminara controlándote, llenando tu vida de miedo y preocupación. Para que seas feliz, tienes que liberarte de las cadenas de la ansiedad; la buena noticia es que sin importar que clase de problemas de ansiedad puedas tener, siempre existirá una solución para ti, sin embargo, no hay una medicina milagrosa que puedas tomar para liberarte de la ansiedad. Para liberarte de ella y tener una vida más feliz necesitarás tener un deseo muy fuerte y determinación.

Ante todo, la ansiedad existe en la mente, sin embargo, a diferencia de la mayoría de los pensamientos que puedes desechar o ignorar de manera fácil, la ansiedad tiene un peso más fuerte. Sentirás constantemente preocupación al punto de que sientas sensaciones físicas o síntomas; la ansiedad quebranta la vida con miedo y preocupación. Si sufres de ansiedad o alguien a quién aprecias se siente agobiado por ella, recuerda: una persona tiene poder sobre su ansiedad. Nunca permitas que te controle, puedes superarla, mereces ser feliz.

Ansiedad vs Estrés

¿Hay alguna diferencia entre ansiedad y estrés? Muchas personas utilizan estos términos como sinónimos y la respuesta es *sí*, la ansiedad y el estrés son diferentes entre sí. El estrés es provocado por un estresante o cualquier factor causante de estrés, por ejemplo, si tienes problemas económicos, entonces esos problemas pueden darte estrés. Si no es más que enfrentar el estrés, entonces es normal, de hecho, cualquier problema o reto en la vida puede darte cualquier tipo de estrés. ¿Y sobre la ansiedad? La ansiedad es cuando te sientes ansioso incluso cuando el factor causante de estrés ha terminado, puedes considerarlo como un estrés sin razón o prolongado que atribuyes a cosas especificas pero que se activan por sí mismas fácilmente. El estrés es normal, sentirse ansioso no lo es.

En la era moderna, la mayoría considera la ansiedad y el estrés como sinónimos, el estrés es la manera en cómo el cuerpo o la mente reacciona a cosas, en especial, al lidiar con los problemas; la ansiedad va más allá del estrés. También hay una razón por la cual la gente considera la ansiedad y el estrés como sinónimos; la ansiedad usualmente depende de cómo la persona maneja el estrés, si permites que te controle, es muy probable que termines con ansiedad. Esta es la razón por la cual es importante que aprendas a manejar tus niveles de estrés. Considerando el estilo de vida moderno, es muy fácil estar expuesto al estrés a diario: estrés en el trabajo, estrés al no ser capaz de comprar algo que se promociona en la televisión y estresores sociales, solo por nombrar algunos. Puedes considerar la ansiedad como un estrés que termina controlándote en lugar de ser al revés, también vale la pena señalar que algunas personas son más propensas al estrés y otras se sienten afectadas con más facilidad por niveles normales de estrés que pueden ocasionar ansiedad. Lo bueno es que existe una diferencia entre enfrentar estrés (que es inevitable) y estar estresado (que es evitable) todo depende en como lo manejes.

Tipos de Ansiedad

Una persona con ansiedad puede tener una experiencia diferente de otra que también sufre de lo mismo, eso se debe a que existen diferentes tipos de ansiedad y cada quién va a reaccionar de manera diferente a los mismos niveles de ansiedad. Hay una ansiedad que es fácil de manejar, aunque pueda tener un efecto duradero; también hay una forma de ansiedad que desencadena ataques fuertes de ansiedad, que pueden ser muy incómodos. Debido a esto, los psicólogos han clasificado la ansiedad en diferentes tipos, voy a explicar uno por uno:

➢ Trastorno de Ansiedad Generalizada

Este es el tipo más común de ansiedad, y ha afectado a una incontable cantidad de personas por generaciones, aunque los casos han aumentado notoriamente en el siglo veintiuno. El trastorno de Ansiedad Generalizada o TAG se define como una ansiedad donde experimentas una tensión física y mental continúa, así mismo nerviosismo, incluso si no hay una causa específica que la provoque, o un estado donde no puedes hacer una pausa a tu ansiedad. En pocas palabras, aquí es donde la ansiedad consigue controlarte e indicarte como debes sentirte en una situación específica, te hará sentir al borde y siempre con estrés. Ten en cuenta que sentirse estresado y estresarte de vez en cuando es normal, sin embargo, si te estresas sin razón alguna o si la cantidad de estrés es más alto de lo que debería, entonces puedes estar sufriendo de TAG.

Toma nota que los que sufren de TAG pueden, ya sea lidiar con ansiedad física o mental o las dos al mismo tiempo.

➢ Fobia Social

La fobia social también se conoce como ansiedad social, que es cuando te da miedo estar en una situación social si ninguna razón más que la presencia de personas ahí. Donde la interacción con otro ser humano te hace sentir incómodo, si piensas un poco en ello, este tipo de ansiedad es extraña ¿por qué tendrías una fobia para interactuar con otra persona? Si estás lidiando con fobia social, incluso si entiendes de manera racional que la pregunta anterior es cierta, no serás capaz de traducir esos pensamientos en acciones, después de todo eres un ser humano. Está se caracteriza por timidez extrema y una inhabilidad para hablar en situaciones públicas, la gente con una fobia social se preocupa demasiado sobre los que otros piensen de ellos hasta el punto que les impide realizar con facilidad mucho de nada; tienen miedo de cometer errores, de decir a veces algo que disgusteal otro y en general, se preocupan de avergonzarse a sí mismos. La cosa sobre la fobia social es que el miedo es sin fundamentos e irracional, las personas que sufren este tipo de ansiedad evitan situaciones sociales tanto como sea posible.

➢ Agorafobia

Esto se refiera al miedo de estar en un lugar público, también se refiera a estar en un lugar desconocido o incluso en lugares abiertos en general. Las personas con agorafobia casi nunca salen de su casa, y a veces se resisten a viajar, se vuelven un recluso escondiéndose en su casa. Este tipo de ansiedad puede desencadenar ataques de pánico mientras se encuentra uno afuera; el miedo de tener un ataque de pánico en público agrava la situación y desanima mucho más a salir, complicando aún más el problema, por lo tanto, las personas que sufren de agorafobia sentirán y se convencerán que lo mejor es quedarse en casa. Por supuesto esto no es cierto, de hecho, quedarse en casa y obedecer lo que dice tu ansiedad es una manera segura de ponerse más ansioso.

> ➤ Trastorno del pánico

El trastorno del pánico no se trata simplemente de preocuparse o entrar en pánico, más bien es más severo en el sentido de que, puede ser tan intenso que las personas con un trastorno del pánico que se sale de control, pueden terminar hospitalizadas. Por lo tanto, el trastorno de pánico es un tipo de ansiedad grave que puede tener efectos adversos en la vida y la salud de una persona.

El trastorno de pánico generalmente se desencadena por factores que causan estrés, pero también puede desencadenarse nada más por la mente de la persona que la sufre. Una persona que sufre de este trastorno puede experimentar ataques de pánico físicos y mentales intensos como sudoración excesiva, latidos cardíacos rápidos, dolor de pecho y / o estómago, mareos, entre otros. El trastorno de pánico severo puede hacerte sentir como si estuvieras condenado y a punto de morir, puede hacer que te sientas impotente hasta el punto de que ya no entiendas la situación, incluyéndote a ti mismo. También es posible que una persona tenga este trastorno sin experimentar ningún tipo de ataque de pánico, de hecho, este es uno de los tipos de ansiedad más complicados y difíciles de entender.

➤ Trastorno por estrés postraumático

Conocido simplemente como trastorno de estrés postraumático o TEPT, este tipo de ansiedad generalmente ocurre justo después de que una persona experimenta una situación traumática, ya sea física o emocionalmente. Las personas que tienen trastorno de estrés postraumático suelen revivir una experiencia traumática en su mente, que puede causar un gran miedo. A veces, pueden recordar su horrible situación tan claramente que es como si estuvieran volviendo a experimentarla de nuevo, naturalmente, esto puede causar miedo intenso y estrés. De igual forma puede hacerte sentir afligido o desesperanzado; te preguntas muchos "¿y si?" al pensar en el desastre por el cual pasaste, lo que te podría hacer sentir con falta de poder. Si se vuelve serio, entonces se puede volver complicado vivir con TEPT.

➤ Trastorno Obsesivo – Compulsivo

El trastorno obsesivo – compulsivo o sólo TOC es un tipo común de ansiedad, y a pesar de ser común, puede ser un trastorno destructivo sino se trata de manera adecuada. Las personas con TOC muestran comportamiento que pueden causar confusión a los demás incluso a los que padecen TOC.

Cuando se habla de TOC, la gente piensa en algún tipo de obsesión, sin embargo, se tiene que señalar que las obsesiones y la compulsión en el TOC no son lo mismo. La obsesión existe en el campo de los pensamientos, en especial los que son extremadamente temerosos y llenos de tensión, no obstante, a diferencia de otros pensamientos, estos son mucho más difíciles de ignorar y pueden seguir molestándote en tu mente. La compulsión se basa en el comportamiento, es tener un sentimiento fuerte o urgencia de hacer algo de una manera específica; el problema con esto es que incluso si la persona involucrada trata de no hacerlo, al final se siente injustificadamente obligado a hacerlo. De nuevo, este es otro ejemplo donde la ansiedad es la que dirige las acciones de la persona, lo que lo vuelve un caso serio. Al igual que otros trastornos de ansiedad, el TOC se basa en el miedo injustificable, por ejemplo, tener miedo de que algo malo vaya a pasarle a alguien querido al menos que toques una puerta; la obsesión y la compulsión pueden existir al mismo tiempo.

Tal vez te estés preguntando "si es irracional ¿por qué hacerlo?" esta es una buena pregunta. La respuesta es que a pesar de que es claramente irracional para una persona sin ansiedad, se sentirá como que eso es lo correcto para alguien que tiene TOC, peor, sienten que no pueden controlarlo hasta el punto que la ansiedad es quien los controla.

➤ Fobias específicas

Como el nombre lo indica es el miedo a una situación específica, animal, actividad o objeto; es un tipo común de ansiedad, de hecho, mucha gente tiene una fobia en específico, por ejemplo, una persona puede sentirse ansiosa de subirse a un elevador, un avión, o incluso sentir ansiedad de las arañas o serpientes. Se debe señalar que el miedo es normal, por lo tanto, si le tienes miedo a una serpiente eso no quiere decir que automáticamente tengas un trastorno de ansiedad específico, no obstante, la gente con este tipo de trastorno siente un miedo mucho más grande que de lo normal, por ejemplo, es normal encontrar gente que le tenga miedo a las agujas o a las inyecciones, sin embargo, no será un gran problema el sacarles sangre.

Esto quiere decir que a pesar de que sientan miedo, ese miedo es manejable. La gente que tiene una fobia en específico con las inyecciones hará todo lo posible para evitarlas sin importar que. Cuando lidias con una fobia en específico de cualquier tipo, el miedo o preocupación que sientes es mayor de lo normal de lo que se esperaría de una persona en una situación similar.

Las personas que sufren de este trastorno saben que el miedo que sienten es exagerado e irracional, sin embargo, parece que no pueden hacer nada al respecto. Su ansiedad llega hasta el punto en donde está fuera de control que es sobrecogedor, igual es normal que experimente síntomas físicos como mareos, dolor de pecho, ahogamiento, latidos rápidos y fuertes del corazón, nausea, entre otras.

Causas de la ansiedad

Así como hay diferentes tipos de ansiedad, también existen diversas causas. Puede deberse a una condición física o mental, un efecto del consumo de drogas y otras medicaciones, experiencias de vida o incluso una combinación de todos estos factores.

➤ Condiciones mentales

La mente es el elemento clave que crea ansiedad y como dice el dicho: "la calidad de tu vida depende de la calidad de tus pensamientos", lo mismo aplica cuando lidias con la ansiedad. Por una parte, si te llenas de pensamientos negativos, entonces es muy probable que sufras de un tipo de ansiedad de una forma u otra; si llenas tu mente de pensamientos positivos, entonces tendrás una forma efectiva de superarla y además puede servir como una medida preventiva efectiva contra la ansiedad. El pánico y los trastornos de fobias son un tipo de ansiedad que se elevan por ciertas condiciones mentales, sin embargo, debes tomar en cuenta que la mente se puede entrenar para responder de manera diferente a las cosas que provocaron anteriormente la ansiedad o estrés. A pesar de que tome tiempo y esfuerzo

➢ Abuso de sustancias

Los estudios muestran que cerca del 50% de los pacientes con trastornos de ansiedad lidian con sus problemas debido al abuso de sustancias. Son ocasionados mayormente por la dependencia al alcohol, metanfetamina, cocaína y otras. Además, alejarse de manera rápida de tales drogas como la heroína pueden ocasionar con frecuencia algún tipo de trastorno de ansiedad.

➢ Genética

De acuerdo a investigaciones, si la ansiedad está presente en el historial familiar de una persona, entonces es muy probable que pueda desarrollarla. Algunas personas se ven afectadas con facilidad y están más propensas a padecerla, pero recuerda que, incluso si tienes un historial familiar de ansiedad, no significa que nunca podrás prevenirla o luchar contra de ella, sólo incrementa las posibilidades de desarrollarla en primer lugar; y no, no te vuelve incapaz, así que, si la ansiedad está presente en tu historial familiar, te sentirás más alentado a aplicar las técnicas de este libro.

➢ Química cerebral

La ansiedad existe en la mente, y sí, es muy probable que algunas personas que padezcan ansiedad debido a que sus cerebros están programados para tener más ansiedad que otros. Están los que tienen niveles anormales de neurotransmisores y están más propensos a sufrir de ansiedad, además si los neurotransmisores del cerebro no están trabajando bien, la comunicación interna del cerebro puede romperse lo que ocasionaría que el cerebro responda de manera inadecuada, obviamente esto puede desencadenar la ansiedad.

➤ Factores externos

El medio ambiente y las cosas que experimentas en la vida pueden conducir a la ansiedad, el estrés del trabajo, de la escuela, o incluso de la vida diaria pueden llevar a la ansiedad si no se maneja de manera adecuada, de igual forma, el estrés de la relaciones personales puede ocasionarla; en cuanto al medio ambiente, un lugar localizado en una altitud muy elevada puede ser un factor adicional que ayuda a conducir a la ansiedad debido a la falta de oxígeno en tal lugar. Vale la pena señalar que el medio ambiente no sólo se relaciona con el espacio geográfico sino también con las personas que interactuamos. El caso es que los factores externos, cualquiera que pueda ser, te afectan a ti y a tu vida diaria; lo que, por supuesto, ocasiona el estrés. Si está se sale de control, puedes esperar que se tenga que lidiar con ansiedad.

➢ Factores de la personalidad

Si, incluso la personalidad de alguien puede ocasionar la ansiedad, por ejemplo, los niños perfeccionistas es muy probable que desarrollen ansiedad más adelante. Los niños con una falta de autoestima están más propensos a que tengan ansiedad social.

➢ Situaciones de estrés

Situaciones no deseables y estresantes pueden causar ansiedad, por ejemplo, un rompimiento, un accidente, una situación vergonzosa, sentirse infeliz en el trabajo, problemas económicos, entre otros, pueden llevar a la ansiedad. Recuerda que donde haya estrés, la ansiedad tiene la posibilidad de existir, después de todo, la mayoría de los trastornos de ansiedad empiezan como un simple factor causante de estrés, que si no se trata de manera adecuada, es muy posible que se convierta en un tipo de ansiedad.

➢ Combinación de factores

Vale la pena destacar que la ansiedad puede ser causada por más de un factor. Normalmente la razón por la cual la gente se estresa de una simple experiencia es porque ya arrastran estrés desde hace mucho tiempo en su vida, por ende, una combinación de problemas económicos, accidentes, problemas sociales, problemas en el trabajo, entre otros, pueden llevar a un caso de ansiedad. Cuando se trata de tu ansiedad, tienes que tener una mente abierta y considerar todo.

➢ Eventos desafortunados

Signos y síntomas

Así como cualquier otro trastorno, existen signos y síntomas a considerar cuando una persona sufre de ansiedad. A continuación se muestran los síntomas notables relacionados a la ansiedad:

- Miedo y pánico
- Inquietud
- Falta de aire
- Náusea

- Boca seca
- Sudor o cosquilleo en las manos
- Problemas del sueño
- Dolor de pecho
- Palpitaciones del corazón
- Mareo
- Inhabilidad para mantenerse calmado

Si estás lidiando con la ansiedad, puede que experimentas cualquiera o varios de los signos o síntomas antes mencionados. Vale la pena señalar que no es suficiente basarse en estos signos, sin embargo son de mucha ayuda para darte una idea o al menos un mensaje de que puedas estar sufriendo de ansiedad. En un estudio llevado acabo entre personas que sufrían dolores de pecho, un problema que usualmente es atribuido a enfermedades del corazón, se descubrió que casi el 50% de los sujetos no tenían ningún problema del corazón pero si estaban presentando problemas de ansiedad.

Si existe algún pensamiento negativo o

cierto temor que tengas que continúe apareciendo, entonces tendrías que comprobar que no estés presentando ansiedad. Usualmente la ansiedad aparece en forma de miedo o pánico, lo que provoca que sientas preocupación o inquietud; cuando compruebes los signos y síntomas es importante que hagas un juicio completamente honesto y justo.

¿Es curable?

La buena noticia es que existe una cura para la ansiedad, sí, leíste bien, puede curarse. Hay personas que lograr superar la ansiedad en pocos días o semanas, mientras otros luchan contra ella por varios años sin lograr superarla completamente. Hay dos puntos principales a considerar: el tipo de ansiedad que puedas tener y la manera en como respondes a ella. En efecto, algunos trastornos de ansiedad son más fáciles de manejar, mientras que otros parecen imposibles de superar. Nunca olvides que sin importar que clase de ansiedad estés presentando, es algo que puedes superar, es curable; sin embargo, no esperes que el proceso de curación suceda de manera rápida y fácil. Tienes que tener paciencia y apegarse a las mejores prácticas para luchar contra la ansiedad, recuerda que con esfuerzo, paciencia y perseverancia pronto serás capaz de liberarte de cualquier y de todo tipo de ansiedad.

Capítulo 2: El Mundo y Tú

La ansiedad y el mundo moderno

En efecto, existen más personas en la actualidad luchando contra la ansiedad que mucho antes, las abundantes demandas y expectativas del mundo moderno tienden a hacer más fácil que las personas se sientan mal con ellas mismas, dejándolas con ansiedad; sienten estrés con su familia, en el trabajo, por asuntos económicos, con las personas que los rodean, incluso interiormente, por lo tanto, muchas personas hoy en día se interesan por aprender como liberarse del estrés y a pesar de que la ansiedad no es lo mismo que el estrés, éste suele provocarla.

El mundo moderno es un ambiente altamente estresante con todas sus máquinas de alta tecnología e innovaciones; con todos los medios de comunicación; el revuelo publicitario y expectativas. Es normal encontrar personas que se sientan estresadas e infelices con su trabajo, ten en cuenta que la infelicidad también es causada por la ansiedad. Tristemente, mucha gente hoy en día no se siente feliz con su vida, por ejemplo, hay quiénes tienen un trabajo solo para ganar dinero y no porque sea algo que amen hacer, lo que significa hacer algo que no te interesa por 8 horas a diario.

Solo imagina la cantidad de estrés y tristeza que esto produce con el tiempo; Igualmente, hay personas que persiguen o intentan encontrar lo que otros esperan de ellos, en lugar de vivir su vida de acuerdo a la manera que ellos quieren en verdad vivirla. El problema es que hay demasiadas personas que quieren ganar en este mundo, sin embargo, al intentarlo, necesitan hacer cambios hasta el punto en que se olvidan de quiénes son.

Si permites que el mundo moderno dicte tu manera de vivir, entonces es fácil darse cuenta porque terminas con una ansiedad grave. Si quieres vivir una vida libre de ansiedad, e incluso libre de estrés, tienes que tener tus propios estándares de lo que significa tener una vida exitosa; vive tu vida de la manera que quieres. No dejes al mundo moderno, con todas sus exageraciones, decirte como debes vivir. En su lugar, haz tu propio camino y no bases tu felicidad en lo que los otros puedan pensar o decir de ti. Muchos trastornos de ansiedad vienen de fallar en lograr las expectativas o el miedo a fallar para complacer a otras personas; sólo tienes que complacerte a ti mismo y vivir la vida a como lo veas más apto. No es de extrañar que mucha gente este triste y ansiosa en la actualidad, son manipulados para que piensen que deben vivir de acuerdo a las expectativas del mundo, en vez de disfrutar cada día de su existencia.

Por su puesto que el mundo no es completamente malo o un lugar estresante, hay aún esas personas que no han olvidado la importancia de en verdad vivir su vida and seguir su sueño, se sugiere que te rodees de este tipo de personas y darse cuenta que el mundo es todavía un bello lugar y que cada segundo es un milagro. Considera cada día un regalo para experimentar los milagros de la vida.

Se consciente de tus pensamientos

Como dice el viejo dicho "La felicidad de tu vida depende de la calidad de tus pensamientos". Este no es sólo un dicho sino también revela la sabiduría de vivir de acuerdo a. Necesitan ser consciente de tus pensamientos y aprender a controlarlos, la ansiedad existe en la mente. Si eres capaz de conquistar a tu mente dominando tus pensamientos, te puedes librar de las cadenas de la ansiedad, sin embargo, no es fácil contralar la mente de uno, pero aun así es realizable. El secreto no está en dejar de tener pensamientos negativos, sino poner los positivos en su lugar, después de todo, con que quites cierta negatividad, sólo quedarás con nada más que un vacío en su lugar. Por lo tanto, los expertos sugieren que, en vez de luchar contra los pensamientos negativos, debes enfocarte en cosas y pensamientos positivos, entonces la negatividad desaparecerá por sí sola; la clave es dominar la mente.

Esto no significa que debas hacerte de la vista gorda con la negatividad, después de todo, no puedes esperar que la vida sea siempre placentera y feliz, sin embargo, un error común es enfocarse en exceso en la negatividad; por ejemplo, si te has preocupado por cierto problema unas cinco veces, ¿cómo piensas que preocuparte unas 10 o 20 veces más será de ayuda? La preocupación excesiva sólo te dará más estrés y te provocará ansiedad.

Tomar el control de tus pensamientos no es fácil, así que no esperes ser capaz de lograrlo de manera rápida, sin embargo, cuanto más practiques, será más fácil, y así serás menos ansioso.

Es normal preocuparse demasiado sobre alguna cosa, por ejemplo, quiénes hace alguna cosa tonta por accidente y se avergüenzan, pasan más tiempo intentado reparar el daño en su mente y conforme lo hagan, sólo se sentirán peor; como resultado, su ansiedad se incrementará. De nuevo, se consciente de tus pensamientos o terminarán destruyéndote. Aprende a ponerle un alto a tu mente o simplemente piensa en algo más positivo, recuerda que tu estado mental es muy importante cuando lidias con ansiedad.

Qué debes hacer si tienes ansiedad

Una vez que te des cuenta que tienes ansiedad, lo mejor que puedes hacer primero es felicitarte por ser capaz de aceptarlo. Desafortunadamente, hay muchas personas ahí afuera que sufren ansiedad y se niegan a aceptar la verdad. Así mismo, requiere de mucho coraje y honestidad admitir que se tiene este problema. Así que, una vez que aceptas el hecho de tener ansiedad, considérate en el camino correcto. El siguiente paso es tomar acción, si es algo que juzgues serio, a lo mejor querrás consultar un psiquiatra de manera inmediata. Si la ansiedad es algo que piensas que puedes sobrellevar por ti mismo, entonces es momento de que lo enfrentes. Muchas veces, sólo enfrentando la ansiedad con coraje es suficiente para superarla.

Si tienes ansiedad, es importante que desarrolles un plan para saber cómo quieres vencerla, por ejemplo, si tienes un problema con la ansiedad social, entonces haz un plan por una semana sobre cómo puedes exponerte tú mismo a más personas y ambientes sociales. Ganarle a la ansiedad es con frecuencia sobre enfrentar los miedos, puede ser una experiencia que cambie tu vida y el cambio es a veces para bien, lo que hace esto una batalla que vale la pena tomar.

Cuando estés listo para superar tu ansiedad, simplemente sigue las técnicas de este libro como se muestran en el siguiente capítulo. Asegúrate de seguir las técnicas de manera correcta y sobre todo lo demás, mantente con ellas y nunca pierdas la esperanza.

La relación contigo mismo

Si quieres superar la ansiedad necesitas construir una buena relación contigo mismo. Luchar contra la ansiedad es realmente una batalla contra ti mismo, no hay nada más que pueda liberarte de la ansiedad que tú. En lugar de odiar quién eres por tener este problema, debes ser más abierto y aprender a escucharte, algunas veces la ansiedad es sólo la manera de recordarte que debes cuidarte y amarte.

Si la ansiedad se vuelve más grave, puede ser que te sientas solo. Ten en cuenta que en vez de sentirte mal e indefenso, mejor date cuenta que tan fuere eres, que aún sigues vivo. Eres un sobreviviente. Algunas veces es la ansiedad que te enseña que tan fuerte eres en realidad, no veas al trastorno de la ansiedad como una enfermedad o dolencia, debería considerarlo como un reto.

Las personas que lidian con ansiedad aprenden a enfocarse en ellas mismas, necesitas detenerte e intentar entenderte a ti mismo. Pregúntate ¿qué es lo que causa tu ansiedad? Intenta entender el miedo, el pánico, o el estrés extremo que enfrentas. Necesitas escucharte y entenderte. La ansiedad puede enseñarte a construir una relación contigo, en la era moderna, la gente tiende a descuidarse y enfocarse en cosas materiales. Como ya sabrás, perseguir constantemente ganancias materiales puede llevarte a la tristeza y el vacío, lo que provoca estrés y el estrés lleva a la ansiedad. Tener una relación contigo mismo, logras poner atención y escuchar lo que realmente necesitas en lugar de seguir lo que sea que los medios de comunicación te dicen que hagas. Conocerse uno mismo y estar contento con quién eres y lo que tienes son cosas importantes que debes considerar para liberarte de la ansiedad. Incluso si tienes alguna forma de ansiedad no seas como los otros que se recurren a la autocompasión, sólo te hará sentir peor, en vez de eso, recuerda ser fuerte y comprender que este es el momento cuando debes tener más coraje. Nunca sucumbas al miedo.

Tu relación con el mundo

La ansiedad puede afectar como lidias con otras personas, por supuesto, si tu ansiedad sólo incluye el miedo a las arañas o cosas parecidas, entonces puede ser más fácil manejarla; sin embargo, si tu ansiedad es algo mucho más serio como ansiedad social, entonces si puede afectar significativamente tu vida. Esta es otra razón por la cual debes resolver cualquier problema relacionado a la ansiedad al momento que te das cuenta. Si no se maneja de manera apropiada, puede tener efectos adversos en tus relaciones profesionales y personales, lo que puede tener un impacto negativo en tu vida. De hecho, sus efectos pueden incluso forzarte a ser más ansioso de lo que ya eres.

Así que, ¿cómo lidias con el mundo cuando tienes ansiedad? Hay personas que intentan esconder su ansiedad y este no es una buena manera de abordar el problema ya que no fomenta el ser honesto. Vale la pena señalar que no te deberías avergonzar de tu ansiedad, si la tienes. El primer paso para liberarte de ella es reconocer el hecho de que la tienes. A partir de ahí, puedes tomar los pasos necesarios y las acciones positivas para solucionarlo. De nuevo, que no te avergüence padecer ansiedad, hay más personas con ansiedad en el mundo de las que imaginas.

Debes aceptarte a ti mismo incluyendo tu ansiedad, si no puedes hacer eso, no esperes que otras personas te acepten y te respeten. Toma nota que aceptarte a ti mismo y a tu estado actual no significa que no vas a seguir los pasos para superar la ansiedad. Mejor dicho, significa que lo reconoces. De igual forma, esto enfatiza el hecho de que la ansiedad no eres tú y que no es ni siquiera parte de ti, al ver tu ansiedad como algo separado de ti, se volverá más fácil superarla.

Capítulo 3: Cómo Superar La Ansiedad de Manera Natural

Conocimiento y aplicación

Cuando se trata de ganarle a la ansiedad, es importante equiparse con el conocimiento correcto; el primer paso es entender lo que es. Si no haces el esfuerzo para entenderlo entonces no sabrás como responder. Por ahora, ya deberías tener una buena base y entendimiento de lo que trata la ansiedad, sino, siéntete libre de regresar y hacer una revisión de los dos capítulos anteriores.

La ansiedad no es un tema complicado, sin embargo, vale la pena señalar que solo obtener conocimiento no es suficiente para liberarse de todas las formas de ansiedad. Conocer al enemigo es solo la mitad de la batalla, sin embargo, aún así necesitas determinar como vas a lidiar con el problema. Por consiguiente, deberás saber tanto como puedas sobre la ansiedad incluyendo los diferentes consejos y trucos para lidiar con ella y entonces ponerlos en práctica.

Otra vez, cabe destacar que adquirir el conocimiento correcto y dejar que ese conocimiento se convierta en acciones positivas es importante cuando se trata de liberarte de la ansiedad. Desafortunadamente, algunas personas se quedan con solo la primera parte de la solución, se quedan en la lectura y el adquirir conocimiento, pero fallan en tomar acción. Ambos, el conocimiento y la aplicación, son importantes; tener el conocimiento correcto te permitirá conocer las acciones positivas correctas para liberarte de la ansiedad.

Autorreflexión

Al lidiar con la ansiedad, es importante que aprendas a detenerte y pasar tiempo reflexionando sobre ti mismo y tu vida. Al comprenderte, serás más capaz de entender a cómo lidiar con lo que sea que te provoca ansiedad. Cada noche antes de ir a dormir, vuelve una práctica el examinar lo que pasó durante el día; pregúntate como lidiaste con los desafíos y eventos del día. Esfuérzate por aprender tanto como puedas de tu reflexión, igual no seas demasiado duro contigo, si reconoces algo que puedes mejorar entonces actúa para llevarlo a cabo.

Algunas veces no necesitas realmente realizar alguna acción, lo que es importante es que tengas un mejor entendimiento sobre ti. Un buen método para la autorreflexión es mantener un diario personal, ya que será tuyo eres libre de escribir cualquier cosa. Idealmente, debes escribir en tu diario todo lo que te da ansiedad, así como los pasos positivos que estás siguiendo para lidiar con ella, de igual forma, debes escribir pensamientos importantes; cuanto más registro tengas en tu diario será mejor. Al mantener un diario, serás capaz de verte desde otro ángulo, desde una perspectiva completamente imparcial y libre de cualquier prejuicio, será como si estuvieras viendo a otra persona y finalmente eres capaz de ver con más claridad. Por eso asegúrate de poner al día tu diario con regularidad y se completamente honesto con todo lo que escribas.

Según la costumbre, la gente usa cuadernos para sus diarios, pero considerando la era moderna y la tecnología avanzada, ahora puedes escribir tu diario en tu computadora o incluso en un teléfono móvil, igual, cuando escribes un diario no necesitas ser un escritor profesional. De hecho, no se espera que escribas parágrafos o una narrativa estándar de ningún tipo, solo hay dos cosas importantes que no debes olvidar: Deberás actualizar tu diario regularmente, con preferencia, todos los días y ser completamente honesto con todo lo que escribas. El diario servirá como un espejo de la persona que eres, al leer tu diario, serás capaz de verte con más claridad. De esta manera, reconocerás las cosas que puedes mejorar sobre ti mismo; te permitirá identificar la mejor manera para lidiar con la ansiedad y ya que el diario te da una vista más clara de tu persona desde un ángulo diferente y de pensar fuera de la caja, serás más objetivo y efectivo en tu acercamiento al problema.

Meditación

Practicar meditación de manera regular es una de las mejores maneras para vencer la ansiedad; todas las técnicas de meditación pueden ayudarte a sentir más relajación y a mantener los pies sobre la tierra. No es ningún secreto que una de las mejores técnicas de meditación es aún la más básica meditación conocida como meditación con la respiración o meditación en la respiración, como el nombre lo indica, la manera en cómo funciona esta meditación es enfocándote en tú respiración.

Paso 1: Toma posición de meditación, puedes estar parado, sentado o acostado.Lo importante es que mantengas la columna recta.

Paso 2: Cierra los ojos y relájate.

Paso 3: Pon atención en tú respiración, enfócate en cada inhalación y exhalación, también presta atención a los intervalos entre cada uno de ellos y mantenlos de forma regular.

Como puedes ver, esta técnica de meditación es muy simple y es también su simplicidad la que la hace muy efectiva. Hay muchos meditadores que practican esta forma de meditación desde hace años, de hecho, incluso el gran Buda practicaba esta meditación.

En general, la mente está llena de tantos pensamientos; cuando meditas, la mente aprende a detener el incesante parloteo y se enfoca en un solo pensamiento o mantra. En este sentido, el centro se encuentra en tu respiración.

A pesar de que esta técnica de meditación es muy simple, te puede sorprender que no sea fácil de realizar, especialmente cuando eres un principiante; la mente no está acostumbrada a estar tranquila. En el budismo, esto se llama "mente de mono", donde la mente es como un mono que salta de una rama a otra. En este caso, la mente salta de un pensamiento a otro, no te sientas desanimado si no puedes hacerlo de manera apropiada en los primeros intentos; la meditación necesita práctica. Cuánto más lo practiques, mejor lo harás. Aquí está un regalo por leer hasta aquí: este es un audio gratis para ayudarte en tus prácticas de meditación.

Rodéate de personas positivas

Es un hecho que la causa común de muchos problemas proviene de la gente, por lo tanto, es importante que te rodees de personas positivas, personas que te ayuden y te aporten algo bueno. Evita a las personas escandalosas y desagradables que no hacen más nada que quejarse sobre la vida, cuando te rodeas con personas buenas y agradables será más fácil para ti sentirte bien e incluso bien de estar con vida. Además, si pasas tiempo con gente positiva te darás cuenta que tus pensamientos también se vuelven más positivos. Como ya sabrás, cuando se trata de la ansiedad, la calidad de los pensamientos que albergas en tu mente se considera de gran importancia. Por consiguiente, cuanto más se pueda, mantente cerca de gente positiva y aléjate de los que te hagan sentir mal, por supuesto, hay momentos que no puedes evitar a las personas negativas, en tales circunstancias, lo mejor que puedes hacer el minimizar el nivel de interacción y aléjate del grupo tan rápido como puedas. Recuerda que es mejor para ti estar solo y feliz que pasar tiempo con gente que te hace sentir mal, peor, si pasas demasiado tiempo con gente negativa, puedes terminar como ellos.

A pesar de que talvez no puedas siempre tener la opción de decidir quién es tu jefe en el trabajo o tus compañeros de trabajo, tienes opción de decidir con quiénes te relacionas. Tienes la decisión si te abrirás a alguien o no; escoge a tus verdaderos amigos de manera cuidadosa.

Exposición

Esta es otra manera efectiva de lidiar con la ansiedad, en especial si lidias con ansiedad social. La clave para este enfoque es, simplemente, exponerte a lo que sea que te de ansiedad. Esta reiterada exposición te ayudará a acostumbrarte a ella y a darte cuenta que no hay nada por lo que sentir ansiedad. Una vez que te hayas dado cuenta, entonces será más fácil liberarte de dicha ansiedad.

Toma nota que la sola exposición no es suficiente, lo que necesitas es exponerte con frecuencia a lo que te de ansiedad, por lo tanto, si sufres de ansiedad social, debes exponerte más a las personas: ve a fiestas, ve a eventos públicos, invita a un amigo a almorzar o a tomar un café, entre otras. La mayor parte del tiempo, la mejor manera de vencer la ansiedad es simplemente permitirte acostumbrarte a lo que te provoca ansiedad, no esperes que esto sea fácil, sin embargo, cuanto más te expongas al origen de tu ansiedad, serás más fuerte. Después de un tiempo, notarás que finalmente eres capaz de liberarte de la ansiedad simplemente enfrentándola de manera repetida.

Vive de manera sana

¿Sabes que viviendo de manera sana se puede aumentar la autoestima y la confianza? También te hará sentir mejor de manera natural, por lo tanto, tener un estilo de vida sana es una manera efectiva de combatir la ansiedad. Estudios demuestran que la gente que tienen una dieta sana y hacen ejercicio de manera regular tienen, en general, menos ansiedad que los que no tienen una vida sana. No necesitas reducir tu dieta al punto en que te sientas hambriento, te marees o hagas ejercicio 14 horas a la semana, sin embargo, deber realizarlo al punto en que comas comida nutritiva y sudes de vez en cuando.

Pensamiento positivo

Cuando se trata de ganarle a la ansiedad de cualquier tipo, el pensamiento positivo se considera un elemento importante. Mira este video sobre pensamiento positivo, de hecho, solo entrenando la mente para pensar positivamente puedes librarte de manera exitosa de cualquier forma de ansiedad; así de poderosa es la mente. Desafortunadamente, la mente es también como un arma de doble filo en el sentido de que, si fallas para controlarla y si tiende a dirigirse hacia pensamientos negativos, entonces, puede provocarte ansiedad. Por eso es importante que aprendas a controlar la mente así podrás vivir una vida libre de ansiedad.

La ciencia ya ha probado que la mente se puede entrenar; por lo tanto, si entrenas tu mente para hospedar pensamientos negativos que te den ansiedad, puedes terminar definitivamente con una gran cantidad de estrés, sin embargo, aplicando el mismo principio, es también posible entrenar tu mente para que siempre tengas pensamientos positivos; y esta es la clave para curarte de la ansiedad. Desde ahora en adelante, toma una decisión firme para rechazar y enfocarte en cosas positivas. Esto talvez no será fácil de hacer las primeras veces que lo intentes, pero pronto te acostumbrarás tanto como persistas en la práctica.

Sin embargo ¿cómo puedes tener pensamientos pensativos cuando te sientes muy ansioso? Está es una pregunta válida. Después de todo, ¿cómo puedes pensar en cosas felices cuando tienes miedo? Aunque esto te sorprenda, la manera en que esto funciona es simplemente hacerlo, deja de ser racional y simplemente piensa y enfócate en algo que sea más positivo, después de algún tiempo, serás capaz de ajustar y acostumbrarte a este nuevo patrón de pensamiento. Aprende a pensar de manera positiva y ver lo bueno en cada situación, después de todo, hay una luz incluso en el momento más oscuro, si eres capaz de encontrar esa luz entonces también encontrarás la fuerza que necesitas para hacerle frente a toda la oscuridad.

Paciencia

Superar la ansiedad toma tiempo, por lo tanto, necesitas ser paciente. No permitas estresarte tratando de vencer la ansiedad, solo te hará más ansioso, en su lugar, considera tu batalla contra la ansiedad como una forma de práctica que continúas haciendo hasta que seas capaz completamente de superar tu ansiedad.

No existe una regla rápida y sin dificultad de que tanto te tomará superar una cierta ansiedad, algunas personas tal vez consigan éxito en sólo unos días mientras que otros tal vez les tome semana o meses. Simplemente porque tu ansiedad se mantenga incluso después de una semana de práctica, no significa que la técnica que estés usando no sea efectiva. Superar la ansiedad simplemente toma tiempo y es normal.

Una buena técnica que deberás recordar en el ejercicio de práctica es evitar el pensar demasiado, deja de preocuparte demasiado si estás haciendo un progreso o no, en su lugar, enfócate en aplicar las técnicas para superar la ansiedad, debes darte cuenta que no superarás la ansiedad enfocándote en ella, en vez de eso, debes remplazarla con pensamientos más sanos, acciones y actitud.

Cometer errores

Está es una técnica que funciona muy bien si tienes ansiedad social, la clave de este enfoque es cometer de manera intencional lo que sea que intentas evitar y te darás cuenta que el miedo es en realidad infundado y que no hay nada de qué preocuparse, por ejemplo ¿te da miedo que otra persona pueda pensar que eres maleducado si no hablas con ella? Entonces hazlo y ve si lo que te da miedo es en realidad espantoso o razonable. Una buena manera de probar esto es yendo a una tienda y comprar algo, una vez que llegues a la caja, solo ignora al que te cobra y no digas nada incluso si te saluda. Si te preocupa que otra persona pueda pensar que eres maleducado, entonces este es un buen experimento para probarlo. Lo que aprenderás de este ejercicio es que el miedo es con frecuencia más poderoso que la misma experiencia, lo otro que puedes sacar de esto u otro ejercicio similar es que no hay razón por la cual para sentir ansiedad.

Escucha música relajante

Escuchar música relajante, de preferencia música instrumental lenta, es una manera efectiva de mantenerte en tranquilidad y relajación. Intenta poner tu atención en la música y no pensar en nada, deja que la música te lleve a un lugar de serenidad y profunda relajación. Muchas veces cuando te sientes con ansiedad, todo lo que necesitas es relajarte y no hacer nada; la mayoría de las veces son tus pensamientos que te hacen sentir peor, pero, si permites relajarte entonces te darás cuenta que no hay razón para sentir ansiedad; escuchar música relajante es además una buena forma de aclarar tu mente y pensar de manera más positiva.

Relajación física

Es relevante indicar que la relajación es importante cuando se trata de ganarle a la ansiedad. La ansiedad en general te da tensión e inquietud, cuando te relajas eres capaz de dejar ir esa tensión que has estado cargando. Una buena forma para relajarse físicamente es con masajes; otro método efectivo es hacer el amor, sí, el sexo puede volverse una actividad relajante. Las endorfinas que tu cuerpo libera cuando haces el amor te dará tranquilidad y menos tensión, no es ningún secreto que la mente sigue la actividad física del cuerpo, si tu cuerpo se siente cansado entonces la mente tiende a sentirse cansada, pero si relajas el cuerpo, tu mente es más probable que se relaje también. Cuando la mente está relajada es cuando es más efectiva, así que, considera relajar tu cuerpo y tomar ventaja de esa oportunidad para aclarar tu mente.

Controla tu respiración

¿Has notado como tu respiración parece seguir tu estado mental? Por ejemplo, cuando estás en relajación, tiendes a respirar de manera suave y lenta, sin embargo, cuando sientes presión tiendes a respirar de manera más rápida e incluso bruscamente. Además, es común para las personas soltar un suspiro cuando se sienten agobiados. La respiración se asocia con el estado mental.

Existen muchos problemas de ansiedad

asociados con malos hábitos de respiración; normalmente, la gente no ejercita su entero potencial de respiración, raramente llenan completamente sus pulmones de aire. La manera de respirar es hacerlo de manera consciente; No es de extrañar que mucha gente esté sufriendo de ansiedad solo por malo hábitos de respiración, al corregir tu respiración, tu ansiedad puede desaparecer. Una buena manera de aprender esto es aprender a respirar de manera apropiada y consciente, lentamente inhala y llénate de aire fresco. Sostén el aire dentro de ti por unos pocos segundos, luego exhala de manera lenta, relájate mientras respiras. También es un método efectivo para evitar la hiperventilación, la cual es un problema común entre personas que padecen ansiedad.

Supera la ansiedad con un amigo

Tu batalla contra la ansiedad no tiene por qué ser una experiencia solitaria, si eres de tipo amistoso, tal vez quieras hacerle frente a tu ansiedad con un amigo. Esto es excelente si tienes un amigo que también sufra de ansiedad, solo invítalo para pelear juntos y superar la ansiedad; de esta manera no te sentirás tan solo. Si trabajas con un amigo, asegúrate de escoger alguien con seriedad sobre superar su propia ansiedad, debe tener un impulso hacia el éxito, de otra forma, puede terminar como una responsabilidad en lugar de una ventaja que te dé más ánimo. Además, es bueno encontrar un amigo que comparta la misma ansiedad que tú; un problema común con la gente que padece ansiedad es que se sienten tan solos en el mundo. Piensan y creen que nadie puede entenderlos y pronto se sentirán desesperanzados y sin poder, pero esto no es del todo cierto, de hecho, hay mucha gente ahí afuera sufriendo de la misma ansiedad que tú. Lo que es sorprendente sobre esto es que las personas tienen los mismos problemas y también creen que están solas, por supuesto, nunca están realmente solas,así como también nunca estás solo. Otra gente es más probable que se encuentren en una posición similar a cómo estás, sintiendo las mismas emociones y teniendo los mismos pensamientos, sin embargo, para ser capaz de conectar con esta gente tienes que acercarte y hacerles saber que existes y que estás ahí para ellos.

Déjalo ir

Luchar contra la ansiedad puede ser una experiencia tormentosa, algunas veces será positivo si puedes soltar lo que sea que estés sintiendo, grita si quieres; rompe cosas si quieres. Con este enfoque, necesitarás un lugar donde no te molesten y donde puedas sincerarte contigo. En momentos que sientas que la ansiedad es demasiada para soportarla, ve a este lugar secreto y deja salir tus emociones, no te contengas. Deja escapar la energía negativa de tu cuerpo, libera todo el odio y frustraciones; con este enfoque, no luchas contra la ansiedad, sino que la aceptas, solo sincérate sobre cómo te sientes y déjalo ir. No existe una manera equivocada de hacer esto siempre que seas sincero. La clave es dejar salir la tensión, este ejercicio te puede hacer sentir mejor y en relajación, algunas veces la mejor manera de lidiar con la ansiedad es aceptando su existencia en tu vida y expresar de manera abierta como te sientes.

Usar afirmaciones

Las afirmaciones puede que no funcionen para todo mundo, pero aún se mantiene como una técnica positiva. Cuando usas afirmaciones hay algunas pautas a seguir:

- Mantenlas positivas.
- Usa el tiempo presente.
- Aplica el poder de la repetición.
- Créelas.

Por consiguiente, en vez de decir, "Ya no siento ansiedad" puedes sólo decir "Me siento mejor y mejor cada día", aquí está tu caja de herramientas gratis para luchar contra la ansiedad. Toma nota que es además importante que creas en lo que afirmas, sin fe está técnica no funcionará. Créelo como si lo que afirmas en verdad ha pasado; esta es la razón del porqué de esta técnica no es para todos. Algunas personas no tienen la fe en el poder de la afirmación y, por lo tanto, no funciona para ellos, además, se aconseja que te mantengas con la misma afirmación; no uses diferentes al mismo tiempo.

Establece provocadores

La próxima vez que sufras de ataque de ansiedad, presta atención a cómo te sientes incluyendo los pensamientos que tengas antes del ataque de ansiedad. Esto te dará una pista en cuanto a ciertos provocadores que puedan advertirte que un ataque de ansiedad esté por ocurrir. Puedes usar este conocimiento para prevenir otro ataque; una vez que identifiques ciertos provocadores de ansiedad como la falta de aliento o mareos, sabrás que la próxima vez que te encuentres con ellos, deberás tener más cuidado. Cuando te des cuenta de los provocadores, recuerda que es tu ansiedad tratando de controlarte

Experimento

Siéntete libre de experimentar y de aprender otras maneras para superar la ansiedad. Después de todo, la ansiedad no es algo que puedas resolver sólo leyendo libros, tiene muchas variaciones dependiendo en las circunstancias de la persona que la sufre. Además, solo porque una cierta técnica funciona para una persona no quiere decir que funcionará de manera apropiada cuando otro la use. Al revés, lo que no funcione para una persona puede que funcione para otra, por lo tanto, siéntete libre de experimentar entre las diferentes maneras para superar la ansiedad y ver cuál funcionará mejor para ti. Intenta, no hay una regla rápida o difícil en vencer la ansiedad, pero en su mayoría requiere intento y errores, así que, no dudes en experimentar y ver que funciona para ti.

Toma un descanso

Superar la ansiedad no sucede durante la noche, necesitas darte el tiempo para tomar un respiro y sólo relajarte. Tomar un descanso significa no lidiar con la ansiedad, de hecho, ni siquiera pensar en ella; deja de superarla. Todo lo que necesitas es relajarte y disfrutar la vida.

Esto no significa que desistas, por el contrario, tomar un descanso es un esencial paso para superar la ansiedad. Serás capaz de ganar contra la ansiedad si te permites relajarte, necesitas tomar esta oportunidad para aclarar tu mente. Tomar un descanso te permitirá darle cara a la ansiedad de manera más efectiva.

Práctica

Superar la ansiedad requiere de acciones

positivas, necesitar poner en práctica tu conocimiento, deberás hacerlo de manera constante. Si es tu primer paso para enfrentar la ansiedad no serás capaz de superarla de manera rápida incluso si aplicas las técnicas correctas, sin embargo, no te desanimes, cuanto más persistas en tu práctica mejorarás aún más para superar tu ansiedad.

¿Y si fallas? Algunas personas tienen miedo de fallar, temen que, a pesar de todos los esfuerzos, no serán capaz de tener éxito. Necesitas darte cuenta que cuando peleas contra la ansiedad, no hay manera de que te venza excepto si tu desistes. Si notas que un enfoque no funciona entonces eso es una lección para que aprendas y solo te lleve al enfoque correcto. Una vez que le hagas frente a la ansiedad, experimentarás que estás, de hecho, en un viaje de redescubrimiento de ti mismo. No es sólo liberarse de la ansiedad sino hacer las paces contigo mismo, así cómo conocerte y aceptar quién eres. Como puedes ver, a veces es tu propio problema el que te enseñará una mejor manera de vivir, por lo tanto, no consideres tu ansiedad como una maldición, más bien, tómalo como una oportunidad que te permitirá conocerte a ti mismo, por eso persiste en tu práctica y nunca te rindas.

Conclusión

Gracias por llegar hasta el final de este libro.

El siguiente paso es aplicar todo lo que has aprendido y finalmente liberarte de la ansiedad, después de todo, la ansiedad solo disminuye la calidad de vida. Recuerda: mereces ser feliz.

La batalla contra la ansiedad no es fácil, pero sí es definitivamente una que vale la pena lucharla. En una nota positiva, darle frente a la ansiedad te ayudará a crecer como persona. Además, te revelará tu fuerza oculta, sin embargo, no esperes que sea un reto suave. Es en su mayoría una batalla contra ti mismo y contra la mente. Sin importar que pase, no olvides que tú eres el dueño de tu vida y que tienes el poder sobre tu ansiedad, solo continua a mantenerte con fuerza y darle cara a tu ansiedad con coraje.

No estás solo en este mundo; en algún lugar, hay gente que enfrenta su propia ansiedad pensando que están solos en esta batalla, pero nadie está en verdad solo. Tu nunca estás solo, la ansiedad no es el verdadero enemigo. Hasta ahora, ya te habrás dado cuenta que cuando lidias con ansiedad, en realidad, estás lidiando contigo mismo y enfrenta esa parte de ti que has intentado evitar.

Enfrentar la ansiedad no debería ser algo de que avergonzarse, después de todo, vivimos en un mundo lleno de gente con ansiedad, peor aún, no saben de la existencia de su propia ansiedad, además, enfrentarla es un acto de gran coraje. Por lo tanto, no importa lo que puede ser tu ansiedad, no veas tu estado actual como una debilidad, en su lugar, reconoce y aprecia al guerrero que eres. Después de todo, incluso una vez en la vida, todos tienen que hacer frente a sus demonios internos, ahora es el momento para ti de enfrentarla y vivir una vida más feliz.

¡Gracias y buena suerte!

9 781989 744208